Anja Stenzel

Mit Startup-Methoden zur Erweiterung des Geschäftsmodells

Ein Phasenmodell zur Erschließung neuer Geschäftsfelder

Bibliografische Information der Deutschen Nationalbibliothek:

Die Deutsche Nationalbibliothek verzeichnet diese Publikation in der Deutschen Nationalbibliografie; detaillierte bibliografische Daten sind im Internet über http://dnb.d-nb.de abrufbar.

Impressum:

Copyright © ScienceFactory 2019

Ein Imprint der Open Publishing GmbH, München

Druck und Bindung: Books on Demand GmbH, Norderstedt, Germany

Covergestaltung: Open Publishing GmbH

Vorwort

Die vorliegende Masterthesis mit dem Titel *Verknüpfung der Theorien der Geschäftsmodellentwicklung: Mit Startup-Methoden zur Erweiterung des etablierten Geschäftsmodells*[1] ist im Rahmen des Studiengangs International Business Development an der ESB Business School der Hochschule Reutlingen entstanden. Sie wurde in der Zeit von April bis Juli 2018 angefertigt.

Ziel dieser Arbeit ist es, dem Leser die Vorgehensweise zur Erschließung eines Geschäftsfeldes mit ihren verschiedenen Phasen bekannt zu machen. Basierend auf den theoretischen Erkenntnissen der Literaturrecherche wurde ein Phasenmodell zum Vorgehen abgeleitet.[2]

Ein besonderer Dank geht meine Professorin, die mir durch ihre konstruktive Kritik sehr geholfen und mich unterstützt hat. Als Betreuerin der Arbeit mit langjähriger internationaler Managementerfahrung aus der Unternehmensberatung und Kompetenzen zum Entrepreneurship konnte sie mir einen sehr guten Einblick in die Materie gewähren und mir hilfreiche Denkanstöße mitgeben.

Anja Stenzel

August 2018

---

[1] Titel nachträglich auf die Inhalte dieser gekürzten Fassung angepasst.
[2] Im Folgenden wird aus Gründen der sprachlichen Vereinfachung nur die männliche Form verwendet. Es sind jedoch stets beide Geschlechter gleichermaßen gemeint.

Kurzfassung

Kern dieser Arbeit ist ein in der Theorie entwickeltes Phasenmodell zur Geschäfts-modellentwicklung. Die hier vorgestellte Vorgehensweise zur Erschließung eines neuen Geschäftsfeldes soll als Leitfaden für das Business Development in etablier-ten Unternehmen dienen. Beabsichtigtes Ziel dieses Prozesses ist die Entwicklung eines tragfähigen und gewinnbringenden Geschäftsmodells als zusätzliches Ge-schäftsfeld eines Unternehmens.

Schlagwörter: Geschäftsmodell, Geschäftsfeld, Innovation, Geschäftsmodellent-wicklung, Business Development, Digital Innovation, Business Model Canvas

Abstract

This master thesis deals with a theoretically method for the business model development. The presented approach for the development of a new business area should serve as a guide for business development in established companies. The intended goal of the case study is to present a viable and profitable business model as an additional business opportunity for a company.

Keywords: Business Model, Business Area, Innovation, Business Model Development, Business Development Digital Innovation, Business Model Canvas

Inhaltsverzeichnis

Tabellenverzeichnis

Abbildungsverzeichnis

1 Einleitung

„Es wird immer gute Gründe geben, ein Risiko nicht einzugehen. Aber wenn man immer nur macht, was in der Vergangenheit funktionierte, wird man eines Tages aufwachen und feststellen, dass man überholt worden ist."

Dieses Zitat des Wirtschaftswissenschaftlers und Autors Clayton Christensen umschreibt die Notwendigkeit zur Veränderung, um das Bestehende erhalten zu können. Auf kaum etwas trifft dies mehr zu als auf die Wirtschaft, wie auch der Vater der Innovationsforschung Joseph Schumpeter erkannte. Die Ökonomie und die darin agierenden Unternehmen unterliegen, seiner Aussage nach, einem stetigen Prozess der Evolution und Mutation.[3] Die vorherrschenden Megatrends beschreiben diese stattfindende Veränderung, welche sich auf die Gesellschaft, ihre Gewohnheiten und ihr Kaufverhalten auswirkt. Somit sind auch Unternehmen und ihre Geschäftsmodelle von einem Wandel betroffen, der zugleich unerschöpfliche Möglichkeiten für die Entdeckung neuer Geschäftsausrichtungen mit sich bringt. Die Marktakteure werden mit den veränderten Konsumgewohnheiten direkt konfrontiert und um nicht durch neu auf den Markt tretende Wettbewerber mit innovativen Geschäftsmodellen ersetzt zu werden, sind sie gezwungen ihre Geschäftskonzepte anzupassen. Die sich schnell wandelnde Gesellschaft verursacht einen Wettlauf der Unternehmen, um Käufer auch in Zukunft an sich binden zu können. In dieses Rennen steigen vermehrt Startups mit neuen innovativen Ansätzen zur Lösungsfindung für ungelöste Kundenprobleme ein. Diese modernen Vorgehensweisen zur Geschäftsmodellentwicklung beschleunigen die Veränderung der Absatzmärkte zusehends und erfordern daher eine ständige Beobachtung und Reaktion auf Marktveränderungen. Das proaktive Anpassen des eigenen Portfolios wird für etablierte Unternehmen in diesem dynamischen Umfeld immer wichtiger, um ihren langfristigen Erhalt am Markt sicherer zu gestalten.

1.1 Problemstellung

Wie eingangs beschrieben führen die alles umwälzenden Megatrends den drastischen Wandel unserer Umwelt an. Dabei werden die Bedürfnisse der Gesellschaft immer ausgeprägter und führen zum Einsatz neuer Technologien. Deshalb sollten etablierte Firmen für eine nachhaltige Entwicklung das traditionelle Kerngeschäft um neue Geschäftsfelder inklusive Geschäftsmodellen ergänzen. Dies erfordert das

---

[3] Vgl. (Hoffmeister, 2015, S. 13)

Verständnis der modernen Ansätze zur Entwicklung von Geschäftsmodellen, um proaktiv das Unternehmensportfolio zu erweitern sowie schnell und agil auf zukünftige Marktveränderungen reagieren zu können.

1.2 Zielsetzung und Forschungsfrage

Ein in der Theorie entwickeltes Phasenmodell zum Business Development bietet die Grundlage für die Umsetzung moderner Theorien in traditionell agierenden Unternehmen. Um dem dynamischen Umfeld gerecht zu werden, erfolgt das Aufstellen des theoretischen Leitfadens zur späteren Durchführung mithilfe moderner Ansätze zur Geschäftsmodellentwicklung. Die praktische Anwendung zur Validierung der theoretischen Ansätze unter Einbezug erforderlicher Anpassungen sowie dem Verwerfen einzelner Prozessbestandteile fand im Rahmen dieser Arbeit statt, ist jedoch kein Bestandteil der Veröffentlichung.

Beabsichtigt wird, ein tragfähiges und gewinnbringendes Geschäftsmodell als zusätzliches Geschäftsfeld einer etablierten Firma hervorzubringen. Das entwickelte Phasenmodell stellt Unternehmen einen Leitfaden für das proaktive Entwickeln innovativer Geschäftszweige zur Verfügung.

1.3 Vorgehensweise

Um die genannte Problemstellung behandeln zu können, erläutert die vorliegende Arbeit zunächst in Kapitel 2 was unter Business Development und den Geschäftsfeldern sowie Geschäftsmodellen eines Unternehmens zu verstehen ist. Hierfür werden die verschiedenen Prinzipien betrachtet, die sich mit der Übertragung des Entrepreneurships aus Sicht von Startups auf eine Konzernorganisation befassen. Zudem werden die Innovation, der dazugehörende Prozess mit den einzelnen Schritten, sowie die Grade und Arten von Innovationen im Unterkapitel 2.1 veranschaulicht. Danach folgt die vertiefte Untersuchung der modernen Theorien zur Geschäftsmodellentwicklung innerhalb eines dynamischen Umfeldes. Hieraus wird ein theoretisches Phasenmodell abgeleitet, das die aus der Literaturrecherche hervorgehenden Ansätze vereinen soll.

Im Weiteren soll ein Überblick über die aktuellen Megatrends aufgezeigt werden, der zur Verdeutlichung der Notwendigkeit der Geschäftsmodellentwicklung dient. Die Fokussierung auf die für die Automobilindustrie relevanten Trends bildet den Schwerpunkt des Kapitels 3.

Auf der Grundlage der Vorgehensweise zur Geschäftsmodellentwicklung und der Trends der Automobilindustrie erläutert die Zusammenfassung in Kapitel 4 die Ergebnisse. Darauf folgt eine kritische Auseinandersetzung mit den Inhalten dieser Arbeit, insbesondere Limitationen werden aufgezeigt. Abgeschlossen wird die vorliegende Thesis durch einen Ausblick über die Möglichkeiten des sich verändernden Marktes und die Zukunftsaussichten hinsichtlich der Megatrends.

1.4 Abgrenzung

Diese Arbeit fokussiert sich auf die Entwicklung eines Geschäftsfeldes mittels eines Phasenmodells. Daher werden andere Innovationsarten neben der Geschäftsmodellinnovation ausgeklammert, da diese aufgrund des Umfangs der Arbeit als weniger relevant erachtet werden. Ebenso wird auf eine umfassende Erläuterung aller aktuellen Megatrends verzichtet.

Die geltende Gesetzeslage und die Methoden des Changemanagements für die Einführung von entwickelten Geschäftsmodellen werden nur am Rande erwähnt und bedürfen weiterer Ausführungen. Ebenso wird eine vertiefte sozialverantwortliche und ökologische Betrachtung bei der Umsetzung des entwickelten Geschäftsmodells empfohlen, da diese im Rahmen der Arbeit nicht ausgeführt wird.

2 Theoretische Hintergründe des Business Developments

Das Business Development kann vereinfacht als die Zusammenfassung aller Ideen, Initiativen und Aktivitäten, welche auf die Entwicklung oder Optimierung eines Geschäftsfeldes abzielen, bezeichnet werden.[4] Das Deutsche Institut für Marketing beschreibt Business Development als eine „[...] strukturierte und systematische Weiterentwicklung eines bestehenden oder neuen Geschäftsfeldes."[5] Ein Geschäftsfeld wird dabei durch die unternehmerischen Aktivitäten und deren Einsatzgebiete charakterisiert. Es beschreibt die potenziellen Abnehmer und das Leistungsangebot sowie die dahinterstehende Technologie, mit der die Leistung erbracht wird.[6] Verglichen mit der Definition eines Geschäftsfeldes geht ein Geschäftsmodell einen Schritt weiter und umfasst das gesamte Grundprinzip, nach dem eine Organisation Werte schafft, vermittelt und erfasst. Es beinhaltet die Logik, mit der ein Unternehmen Einnahmen erwirtschaftet, basierend auf dem Zusammenspiel von Kunden, Angebot und unternehmensinterner Infrastruktur. Ein Geschäftsmodell setzt sozusagen die Strategie in die Realität um.[7]

Das Business Development bezieht sich auf eine Veränderung der Unternehmensausrichtung durch Erweiterungen der Geschäftsfelder mit neuen Kunden und Märkten, durch das Eingehen von strategischen Partnerschaften, durch innovative Produktentwicklungen sowie durch eine Weiterentwicklung des Geschäftsmodells. Nach oben genannter Definition wirkt das Business Development unternehmensübergreifend und erfordert daher eine interdisziplinäre Zusammenarbeit. Ziel ist es, durch die Veränderungen Umsatz- und Profitabilitätssteigerungen herbeizuführen und das Unternehmen langfristig zu erhalten. Die Identifikation und Analyse aktueller und kommender Trends bildet dabei die Handlungsgrundlage.[8]

Der Fokus im Business Development unterliegt einem Stimmungswandel von ehemals Kostenvermeidungs- und Effizienzprogrammen hin zur Markt- und Innovationsorientierung. Im Zielfeld liegen nun verstärkt neue Geschäftsfelder und die Ermittlung von Innovationspotenzialen. Technologische Entwicklungen und revolutionäre Innovationen beherbergen neue Chancen für Unternehmen im Stadium der

---

[4] Vgl. (Seth, 2018)
[5] (DIM Deutsches Institut für Marketing GmbH, 2015)
[6] Vgl. (Pohlmann, 2016) und (DIM Deutsches Institut für Marketing GmbH, 2015)
[7] Vgl. (Osterwalder & Pigneur, 2011, S. 18-19)
[8] Vgl. (Pohlmann, 2016) und (DIM Deutsches Institut für Marketing GmbH, 2015)

Neuausrichtung. Das Business Development stellt dabei den Zusammenhang zwischen sich auftuenden Märkten und neuen Ideen her, um dafür marktgängige Geschäftsmodelle, Produkte und Dienstleistungen zu entwickeln. Es hat die Absicht, Innovationen im Unternehmen voranzutreiben und daher eine deutliche Verbindung zum Innovationsprozess, der im folgenden Unterkapitel erläutert wird.[9] Die Verantwortung für Visionen, Innovationen, die Ideenumsetzung und das Erkennen von Chancen wird dem Business Development ebenso zugeschrieben, wie das Anpassen des Geschäftsmodells an neue externe Gegebenheiten zum Zwecke des Unternehmenserhalts.[10]

Die Übertragung der Prinzipien des Entrepreneurship auf internationale Konzernorganisationen stellt die Herausforderung im Business Development der heutigen Zeit dar. Die verschiedenen Vorgehensweisen werden nach der organisatorischen Nähe unterschieden und reichen vom Corporate Venturing, welches eine Ausgliederung aus dem Kernunternehmen darstellt, über die entrepreneuriale Orientierung einer Unternehmenseinheit bis hin zum Intrapreneurship. Das Schaffen eines Unternehmens zum anvisierten neue Geschäftsfeld in einem etablierten Unternehmen brachte die Begriffe Intrapreneurship bzw. Corporate Entrepreneurship hervor. Das Intrapreneurship gleicht in seiner Vorgehensweise der Gründung eines neuen Unternehmens und soll die vorhandenen Ressourcen, Kompetenzen und Geschäftsmodelle im Unternehmen aktivieren und einen zusätzlichen Nutzen daraus generieren. Besonders bei innovativen Unternehmen entstehen aus existierenden Strukturen und Ressourcen somit schnell Innovationen und neue Marktchancen können in kurzer Zeit wahrgenommen werden.[11]

Neben den Wettbewerbsvorteilen durch Ressourcen, nimmt für international agierende Hightechunternehmen eher der Aufbau von Kompetenzen und Geschäftsmodellen eine bedeutende strategische Rolle ein. Noch bestehende Lücken können sowohl intern, durch die eigene Forschung und Entwicklung, als auch durch externe Innovationsquellen ausgeglichen werden. Die Quellen können diesbezüglich Forschungsaufträge bei Instituten und auch regionale Technologie-Cluster sein. Zweiteres bietet durch die Ansammlung von Startups Impulse zu radikaler

---

[9] Vgl. (Becker, Gora, & Michalski, 2014, S. 17)
[10] Vgl. (Becker, Gora, & Michalski, 2014, S. 25-36)
[11] Vgl. (Becker, Gora, & Michalski, 2014, S. 25-36, 57-64, 85)

orientierten Innovationen, als es durch die organisatorische Nähe bei internen Quellen der Fall wäre.[12]

2.1 Innovationen

Das lateinische Wort Innovation bedeutet Veränderung bzw. Erneuerung. Die Wirtschaft spricht bei neuartigen Problemlösungen, insbesondere bei Produkteinführungen oder fortschrittlichen Verfahrensanwendungen, von Innovationen. Die Neuheit einer Innovation wird dabei durch den Innovationsgrad ausgedrückt und ist oft durch eine subjektive Betrachtung charakterisiert. Demnach kann eine Innovation neu für ein bestimmtes Unternehmen, einen Markt, eine Branche oder die Welt sein.

Innovationen werden daher häufig nach ihrem Veränderungsumfang beurteilt. *Radikale* Innovationen sind durch Neuerungen gekennzeichnet, welche neue Märkte schaffen. Dagegen sind *inkrementelle* Innovationen eine Weiterentwicklung von Existierendem und verfolgen den Zweck der Kosten- oder Nutzenoptimierung bzw. der Anpassung an sich veränderte Gegebenheiten. Im Englischen findet häufig eine Unterscheidung zwischen *sustaining* und *disruptive Innovation* statt. Ersteres bezieht sich auf den Erhalt und die Verbesserung von bereits Bestehendem und ist der inkrementellen Innovation ähnlich. Der Fokus liegt hier auf dem Kunden und seinen Bedürfnissen. Die disruptive Innovation wird im Gegensatz dazu durch seinen zerstörenden Charakter gekennzeichnet und schafft einen neuen Markt indem sie bestehende Leistungen verdrängt. Treffend beschreibt diese Vorgehensweise der Architekt und Visionär Richard Buckminster Fuller: "You never change things by fighting the existing reality. To change something, build a new model that makes the existing model obsolete."[13]

Innovation kann auch im Sinne eines Prozesses mit fünf Phasen betrachtet werden und wird durch das Innovationsmanagement im Unternehmen begleitet, siehe Abbildung 1.[14]

---

[12] Vgl. (Becker, Gora, & Michalski, 2014, S. 25-36, 57-64, 85)
[13] Vgl. (Bibliographisches Institut GmbH, 2018), (Prof. Dr. Möhrle, 2018) und (Zapfl, 2016)
[14] Vgl. (Ebert, Chandra, & Liedtke, 2008, S. 3)

Abbildung 1: Innovationsprozess[15]

Vorangehend mit der Definition der betrieblichen Innovationsstrategie startet der Innovationsprozess. Es werden der Innovationsgrad sowie die fokussierten Innovationsarten festgelegt, um im nächsten Schritt aus den analysierten Problemen Ideen zu generieren. Die Ideen werden nach der Bewertung der Lösungsfähigkeit und Machbarkeit gefiltert. Für ausgewählte Ideen werden Gesamtkonzepte zur Umsetzung entwickelt und die Vermarktung vorbereitet. Der Innovationsprozess stellt für Unternehmen eine strategische Herausforderung dar, da er durch seine offene und kreative Gestaltung stark vom standardisierten Tagesgeschäft abweicht. Um sich verändernde Anforderungen des Unternehmensumfelds erfüllen zu können und den langfristigen Unternehmenserhalt zu sichern, ist der Innovationsprozess jedoch unumgänglich.[16] Die Innovationsarten zeigen hierzu die unterschiedlichen Richtungen des Innovationsprozesses auf:

- *Geschäftsmodellinnovation*: Neue Kundengruppen, Ressourcen, Partnerschaften, Wertangebote und Einnahmesysteme hervorbringen, die auch die folgenden Innovationsarten beinhalten können.

- *Service- und Prozessinnovationen*: Die Veränderung der unternehmensinternen Abläufe oder kundennahen Dienstleistungen.

- *Produktinnovationen*: Ein neues Produkt oder die Weiterentwicklung eines bereits etablierten Produktes ohne spezifischen technischen Hintergrund auf den Markt bringen.

- *Technologieinnovationen*: Die Entwicklung neuer produktübergreifender Funktionalitäten oder Eigenschaften, die ein komplexes technisches Problem lösen.[17]

---

[15] Eigene Abbildung in Anlehnung an (Ebert, Chandra, & Liedtke, 2008, S. 3)

[16] Vgl. (Prof. Dr. Möhrle, 2018) und (Dark Horse Innovation, 2017, S. 264)

[17] Vgl. (Görs Communications, 2017). Das nachfolgende Kapitel dieser Arbeit konzentriert sich ausschließlich auf die Entwicklung bzw. Innovation von Geschäftsmodellen.

2.2 Theorien der Geschäftsmodellentwicklung

Die Literatur bietet seit einigen Jahren modernisierte Ansätze zur Entwicklung von Geschäftsmodellen. Trotz deren unterschiedlichen Ursprungs, sind viele auf die Startup-Kultur und im Zuge dessen auf die Digitalisierung zurückzuführen. Im Folgenden sollen die unterschiedlichen Vorgehensweisen der bekanntesten Veröffentlichungen, weitgehend entsprungen aus dem klassischen Innovationsprozess, in aller Kürze vorgestellt und verglichen werden. Die Phasen der einzelnen Herangehensweisen zur Geschäftsmodellentwicklung weichen voneinander ab und werden deshalb in Kapitel 2.3 zu Vergleichszwecken zusätzlich grafisch dargestellt.[18]

2.2.1 St. Galler Business Model Navigator

Die an der Universität St. Gallen entwickelte Theorie hat seinen Ursprung im Maschinenbau, genauer gesagt in der Produktentwicklung mittels Konstruktionsmethoden. Geschäftsmodelle werden nach dem Business Model Navigator durch Zuhilfenahme eines Musterkatalogs der erfolgreichen Geschäftsmodelle der letzten 150 Jahre entwickelt. Das im Buch erläuterte schrittweise Vorgehen wurde sowohl durch das Design Thinking als auch das Feedback aus der praktischen Anwendung in Beratungsprojekten, von Gründern und von Managern aus MBA-Programmen determiniert. Das Modell orientiert sich an der zentralen Ansicht, dass sich erfolgreiche Businessmodelle durch eine kreative Imitation oder Rekombination der bereits bekannten, im Katalog vorgestellten Geschäftsmodelle erschaffen lassen. Die ersten drei Schritte beziehen sich auf das Geschäftsmodelldesign und umfassen die Initiierung, die Ideenfindung mithilfe der vorhandenen Geschäftsmodellmuster und die Integration in die vorhandene Unternehmensumgebung. Der Prozess schließt mit der Realisierungsphase ab, in der das entwickelte Geschäftsmodell umgesetzt wird. Zwischen allen Phasen finden dabei Iterationen statt.[19]

2.2.2 Digital Innovation Playbook

In diesem Handbuch für Innovationsentwicklungen wird ein dreiteiliger Prozess mithilfe eines Innovation Boards dargestellt. Der Prozess unterscheidet sich in Explore, Create und Evaluate und kann sowohl von Managern als auch von Gründern, im Buch als ‚Macher' betitelt, als Verständigungsmittel verwendet werden. In der

---

[18] Die vorgestellten Theorien erheben kein Anspruch auf Vollständigkeit und wurden auf Basis von Bestsellerlisten und nach Bekanntheit aus der Lehre ausgewählt.

[19] Vgl. (Gassmann, Frankenberger, & Csik, 2013, S. 15-16)

Explore-Phase wird nach potenziellen Nutzern und deren Problemen geforscht. Die Create-Phase beinhaltet das Gestalten einer Problemlösungshypothese und die dritte Phase, die Evaluation, fokussiert das Testen mittels Nutzerfeedback sowie die Umsetzung der Innovation innerhalb der Organisation. Der Startpunkt des Prozesses bestimmt sich durch die Ausgangslage der Organisation und wird durch die Wahl einer Rolle und deren Zielsetzungen festgelegt. Dieses Vorgehen ist von den Autoren bewusst gewählt, da sie der Meinung sind, dass Innovationen aufgrund von ungewissen Abläufen und Endpunkten nicht in festen, linearen Prozessen entstehen können. Dabei wird beim Einbeziehen der Ausgangssituation nicht von einer sogenannten ‚grünen Wiese', einer Realität, in der es keine Restriktionen gibt, ausgegangen. Die im Digital Innovation Playbook dargelegte Vorgehensweise grenzt sich vom Lean Startup, vorgestellt unter 2.2.3, dadurch ab, dass sie besonders auf die Innovationsentwicklung in von größeren Organisationen abzielt. Anders als dies bei der Fokussierung auf das Testen einer vorhandenen Idee von einzelnen Entrepreneuren beim Lean Startup der Fall ist. Aufgrund dessen enthält das Digital Innovation Playbook im letzten Schritt zusätzlich einen Teil indem die Integration ins Unternehmen angeleitet wird.[20]

2.2.3 Lean Startup

Der Kern des von Eric Ries entworfenen Vorgehens bildet der sogenannte ‚Build-Measure-Learn Feedback Loop' oder übersetzt die ‚Bauen-Messen-Lernen-Feedbackschleife'. Diese beschreibt einen aus drei Schritten bestehenden Prozess, welcher durch gewonnenes Kundenfeedback zu getesteten Produkten ein solides Geschäftsmodell kreieren soll. Diesen Prozess möglichst schnell für risikoreiche Hypothesen des Geschäftsplans zu durchlaufen und zu wiederholen, ist das Ziel des Lean Startups. Für die zu überprüfenden Annahmen wird im ersten Schritt, dem Bauen, ein minimal funktionsfähiges Produkt geschaffen. Dieses wird im zweiten Schritt zum Messen der Kundenreaktionen verwendet, um dann einen Lern- und gegebenenfalls Korrekturprozess mit den gesammelten Daten im letzten Schritt durchzuführen.[21]

---

[20] Vgl. (Dark Horse Innovation, 2017, S. 8-11)
[21] Vgl. (Ries, 2017, S. 73-76)

2.2.4 Business Model Generation

Der Gestaltungsprozess für Geschäftsmodelle im Buch von Alexander Osterwalder und Yves Pigneur hat eines von vier definierten Zielen zum Zweck. Demnach werden Geschäftsmodellinnovationen gesucht um unerfüllte, bereits vorhandene Marktbedürfnisse abzudecken, neue Produkte oder Technologien auf den Markt zu bringen, einen bestehenden Markt zu verbessern bzw. zu verändern oder einen neuen Markt zu erschaffen. Der teilweise auch parallel ablaufende Prozess wird in fünf Phasen gegliedert und beginnt mit der Mobilisierung der Beteiligten durch eine Beschreibung der Notwendigkeit des Prozesses sowie der dahinterstehenden Motivation. Danach erfolgt die Phase des Verstehens, welche die Informationsgewinnung und Analyse der potenziellen Geschäftsmodellelemente, wie beispielsweise der Kunden und des Umfeldes, beinhaltet. Darauf aufbauend, und in manchen Fällen auch parallel zu dieser Phase, verläuft die Gestaltungsphase, in der die ersten Prototypen geschaffen werden, mit denen der Test und die Bewertung der Ideen durchgeführt wird. Wurde eine Idee als positiv eingestuft, gelangt diese Geschäftsmodelloption in die Implementierungsphase. Der Prozess schließt mit der Durchführung ab. In diesem Schritt wird das Modell mithilfe der Marktrückmeldungen modifiziert. Es werden um die Geschäftsmodellinnovation Managementstrukturen gebildet, die das Modell ständig bewerten und Notwendigkeiten zu Weiterentwicklungen identifizieren. Die Ergebnisse der fünf Phasen werden im Business Model Canvas, einzusehen im Anhang B: Business Model Canvas, zur diskutierten Geschäftsmodellinnovation gebündelt festgehalten.[22]

2.2.5 Das Handbuch für Startups

Dieses Modell grenzt sich durch den Zeitpunkt des Kundenfeedbacks im Prozess klar von dem traditionellen Prozess zur Produktentwicklung ab. Der im Handbuch beschriebene Customer Development-Prozess wird in zwei Bausteine, der Suche und der Umsetzung des Geschäftsmodells aufgegliedert, welche wiederum jeweils weitere Elemente enthalten. Beginnend mit der Customer Discovery werden die Vision, die Geschäftsmodellhypothesen und ein Testplan erstellt. Anschließend folgen Problem- und Lösungsinterviews im Rahmen der Customer Validation sowie ein Entscheid über das entstandene Geschäftsmodell. Wird die aufgestellte Hypothese in der Testphase verworfen, erfolgt ein Kurswechsel und der Prozess beginnt erneut mit der Customer Discovery. Sagt die Geschäftsmodellidee dem Kunden zu,

---

[22] Vgl. (Osterwalder & Pigneur, 2011, S. 248-253)

gelangt die Innovation zum zweiten Baustein des Prozesses, der Umsetzung. In diesem Schritt schaltet sich der Vertrieb und das Marketing in die Idee ein und erzeugt in der Customer Creation-Phase im besten Fall einen Bedarf beim Kunden. Daraufhin erfolgt der Unternehmensaufbau, welcher eine Überführung der Innovation in die Organisation impliziert.[23]

2.2.6 Digital Business Modelling

Christian Hoffmeisters Theorie zur Geschäftsmodellentwicklung in der digitalen Umwelt sieht zwei Hauptphasen vor. Zunächst wird mithilfe des vorgegebenen Rahmens für digitale Geschäftsmodelle die Geschäftsmodellarchitektur bestimmt. Die im Buch als ,Wertearchitektur' betitelten Inhalte sind die statischen Elemente des Modells. Sie umfassen die beteiligten Akteure und deren Art der Teilnahme am Geschäft, beispielsweise durch einen Computer, die dahinterstehenden Netzwerke, das Leistungsangebot innerhalb des Modells sowie die damit verbundenen Gratifikationen.[24] Die zweite Phase ist durch die Beziehungen und Prozesse, welche zwischen den definierten Elementen ablaufen, gekennzeichnet. Diese Phase trägt den Namen ,Wertemechanik' und beschreibt Transaktionsmuster, die abbilden wie mit dem erdachten Geschäftsmodell ein Wert geschaffen wird. Lässt sich das Business Model wiederholt anwenden, schließt diese zweite Phase ab und das Modell wird in einen Business Case sowie das Prototyping überführt. Diese Schritte werden in der vorgestellten Theorie nicht genauer beschrieben.[25]

2.3 Aufstellung eines Phasenmodells zur Geschäftsmodellentwicklung

Die beschriebenen Theorien und deren Phasen zum Ablauf der Geschäftsmodellentwicklung werden in nachfolgender Abbildung 2 nochmals zusammengefasst dargestellt.

---

[23] Vgl. (Blank & Dorf, 2014, S. 4-5, 17-25)

[24] Vgl. (Hoffmeister, 2015, S. 138-250)

[25] Vgl. (Hoffmeister, 2015, S. 256-318)

Herkunft	Phasen des theoretischen Ansatzes			
St. Galler Business Model Navigator	Initiierung: Umfeld-analyse	Ideenfindung: Muster adaptieren	Integration: Gestaltung Geschäfts-modell	Implemen-tierung: Plan umsetzen
Digital Innovation Playbook	Explore: Nutzer und Nutzerprobleme		Create: Problemlösungs-hypothese	Evaluate: Prototyp. Reaktionen bewerten und Integration
Lean Startup	Build: Produktvision und Prototyp		Measure: Kundenwirkung messen	Learn: Produktakzeptanz
Business Model Generation	Mobilisieren: Bewusstsein und Motivation	Verstehen: Umfeld, Kunden. Technologie	Gestalten: Prototyp. Test und Auswahl	Imple-men-tierung	Durchführen: Markt-reaktionen einbeziehen
Das Handbuch für Startups	Customer Discovery: Vision, Hypothese und Testplan	Customer Valuation: Test und Entscheidung	Customer Creation: Marketing und Vertrieb	Company Building: Implemen-tierung
Digital Business Modelling	Werte-architektur: Geschäftsmodell-elemente	Werte-mechanik: Interaktion der Elemente	Test der Wieder-holbarkeit	Business Case und Prototyping

Abbildung 2: Überblick über die Theorien zur Geschäftsmodellentwicklung[26]

Die Abläufe der aufgezeigten Theorien weisen einige Gemeinsamkeiten auf, weshalb sie zu einem kombinierten Phasenmodell zusammengefasst und in fünf Phasen geclustert werden können, siehe Abbildung 3. Die Zuordnung der einzelnen Elemente der sechs vorgestellten Theorien erfolgte in die Phasen ‚Analyse', ‚Lösungsfindung', ‚Test', ‚Anpassung und Weiterentwicklung' und ‚Umsetzung im Unternehmen'. Diese Einteilung wird durch eine Wiederholung der Phasenfarben in Abbildung 2 als auch in Abbildung 3 verdeutlicht. Nicht jedes vorgestellte theoretische Modell enthält dabei alle Phasen aus Abbildung 3 und auch die Abfolge der Phasen unterscheidet sich. Beispielsweise findet die Anpassung des entworfenen Geschäftsmodells in manchen Theorien vor und in anderen nach der

---

[26] Eigene Abbildung in Anlehnung an (Gassmann, Frankenberger, & Csik, 2013), (Dark Horse Innovation, 2017), (Ries, 2017), (Osterwalder & Pigneur, 2011), (Blank & Dorf, 2014) und (Hoffmeister, 2015)

Implementierung in die Praxis statt. Das aus den Theorien kombinierte Phasenmodell ist in folgender Grafik ersichtlich.

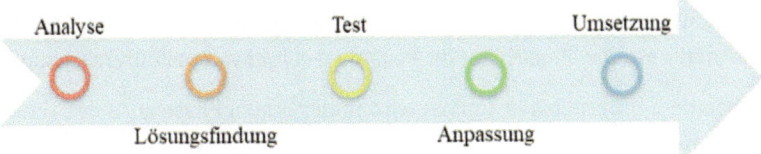

Abbildung 3: Aufgestelltes Phasenmodell zur Geschäftsmodellentwicklung[27]

Im Folgenden werden die einzelnen Phasen des entstandenen Phasenmodells beschrieben.

2.3.1 Analyse

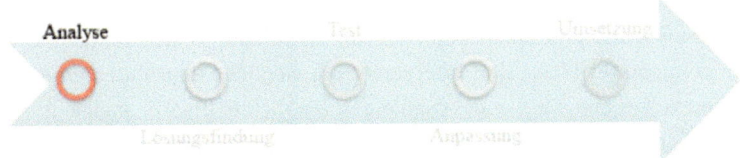

Abbildung 4: Analysephase

Die Analysephase läutet den Prozess der Geschäftsmodellentwicklung ein. Sie umfasst eine Informationssammlung und Untersuchung des Unternehmensumfeldes, der technologischen Trends und der sonstigen externen Einflussfaktoren. Technologische Trends können sich in ‚Touchpoints', wie sie im digitalen Kontext betitelt werden, niederschlagen. Die verwendeten Medien und Kanäle der Nutzer bilden im digitalen Zeitalter den Berührungspunkt mit dem Kunden. Daneben sollen regulatorische Änderungen, welche den Markt beeinflussen, überprüft werden, denn sie sind ebenfalls Ausgangspunkte für entstehende Trends und Verhaltensänderungen des Markts. Die Marktforschung wird in dieser Phase auch mit dem Zweck betrieben, konkurrierende oder möglicherweise kooperierende Geschäftsmodelle aufzudecken. Potenzielle Partnerunternehmen dienen als Inspirationsquelle für Geschäftsideen, die an die vorhandenen Geschäftsmodelle anknüpfen können. Der Wettbewerb ist bei der Analyse der Unternehmensumwelt als Einflussfaktor nicht

---

[27] Eigene Darstellung

zu vernachlässigen, denn gerade die sogenannten ‚frühen Folger' können sich bei der Konkurrenz Innovationen zur Nachahmung und Weiterentwicklung abschauen. Voraussetzung dafür ist die Erkennung des Markttyps und des bestehenden Konkurrenzverhaltens. Handelt es sich um einen neuen Markt, besteht gegebenenfalls nur die Möglichkeit die Position des Innovationsführers einzunehmen.

Neben dem Unternehmensumfeld wird in der ersten Phase auch das aktuelle Geschäftsmodell des betreffenden Unternehmens analysiert. Durch die festgestellten Schwachstellen sollen neue Ideen für Geschäftsmodelle aufkommen und das Bewusstsein zur Notwendigkeit des Entwicklungsprozesses geschaffen werden. Die Beteiligten werden motiviert über den Status quo hinauszudenken und langjährige Strukturen, wenngleich diese erfolgreich waren, zu durchbrechen.

Einer der wichtigsten Bestandteile dieser Phase ist die Untersuchung der derzeitigen und potenziellen Kunden und deren Vorlieben und Bedürfnisse. Es sollen Kunden abseits der bekannten Kreise gesucht und untersucht werden, um diese besser kennenzulernen und mögliche Probleme identifizieren zu können. Das zentrale Werkzeug dieser Phase sind Interviews, um mögliche unerfüllte Bedürfnisse aufdecken zu können. Sie ermöglichen einen Einblick in die Abhängigkeiten und Potenzialfelder, die hinter dem Handeln der Käufer verborgen liegen. Der Kern dieser Phase ist die Identifikation des Kunden und seiner ungelösten Probleme durch die Markt- und Nutzeranalyse.[28]

---

[28] Vgl. (Osterwalder & Pigneur, 2011, S. 248, 252-257), (Gassmann, Frankenberger, & Csik, 2013, S. 22-32), (Blank & Dorf, 2014, S. 89-98) und (Dark Horse Innovation, 2017, S. 62-75). Die Inhalte des gesamten Kapitels 2.3.1 wurden aus diesen Quellen zusammengeführt und kombiniert.

2.3.2 Lösungsfindung

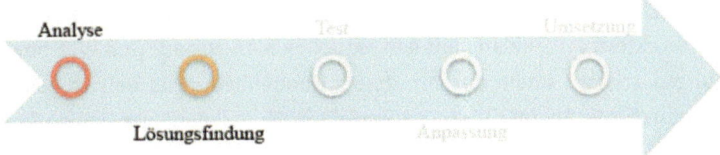

Abbildung 5: Lösungsfindungsphase

Im Anschluss an die Analysephase folgt die Phase der Lösungsfindung für die iden-
tifizierten Kundenprobleme bzw. das Erfüllen der Kundenbedürfnisse. Diese bei-
den Phasen sind nicht immer vollkommen voneinander abzugrenzen. In einigen
Literaturquellen, besonders markant im Handbuch für Startups von Steve Blank
und Bob Dorf, wird das Finden von Lösungshypothesen mit der Markt- und Kun-
denanalyse zeitgleich durchgeführt. Dennoch wird in den meisten untersuchten li-
terarischen Werken die Definition von Hypothesen bzw. Lösungsansätzen zum
Nutzerversprechen in einer separaten Phase behandelt.

Aus der vorangegangenen Analyse werden neue Ideen zu derzeit unbefriedigten
Kundenbedürfnissen und zugehörige Problemlösungsvisionen entwickelt. Die Lösungsansätze sollten in Geschäftsmodellen mit den betreffenden Elementen, wie
beispielsweise Vertriebskanäle, Märkte, Partner und Ressourcen, festgehalten und
aus verschiedenen Perspektiven eingängig geprüft werden. Die entstandenen Muster und zugehörigen Hypothesen müssen, um die bestmögliche Kombination eines
Geschäftsmodells zu finden, in der darauffolgenden Phase dem Praxistest unterzogen werden. Eine Quelle zur Ausgestaltung der Geschäftsmodelle können auch vorhandene Geschäftsmodelle aus anderen Branchen sein. So spielt beim Aufstellen
der Hypothesen und der Weiterverfolgung dieser Ideen oft eine Analogie zu einem
Geschäftsmodell eines fremden Marktes eine große Rolle. Die Annahmen zu den
entwickelten Geschäftsmodellen beruhen dabei auf einem Vergleich mit dem Erfolg der ähnlichen Geschäftsmodelle auf anderen Märkten. Durch eine Rekombination einzelner Elemente von bereits praxiserprobten Geschäftsmodellen entsteht
eine Vielzahl neuer Muster, die anschließend an die Unternehmensgegebenheiten
angepasst werden.

In bestehenden Unternehmen ist besonders auf die Risikobewertung der Ge-
schäftsmodellideen zu achten. Als wagemutig erscheinende Ideen dürfen vor der
Testphase nicht direkt verwässert werden, sollten aber auch keine, durch die

unternehmerischen Rahmenbedingungen gegebenen, unüberwindlichen Hindernisse enthalten. Die interne und externe Konsistenz erfüllt die Anforderung an eine ganzheitliche Betrachtung der Geschäftsmodellinnovation. Das neue Geschäftsmodell muss extern im Einklang mit den aktuellen Markttrends und Wettbewerbsbedingungen stehen, sowie das ermittelte Kundenbedürfnis befriedigen und zugleich, durch die Abstimmung der einzelnen Modellelemente, intern konsistent sein.

Eine grobe Tendenz zur Umsetzung der entwickelten Konzepte und Priorisierung für den späteren Bau eines Prototyps wird durch eine vorherige Bewertung nach dem angenommenen Mehrwert für den Kunden, der Machbarkeit und den Wachstumsmöglichkeiten des Geschäftsmodells vorgegeben. Das Ergebnis dieser Phase sind die zu testenden Hypothesen, zu den einzelnen Bestandteilen der Geschäftsmodelle, um die Tragfähigkeit der Ideen ganzheitlich bewerten zu können.[29]

2.3.3 Test

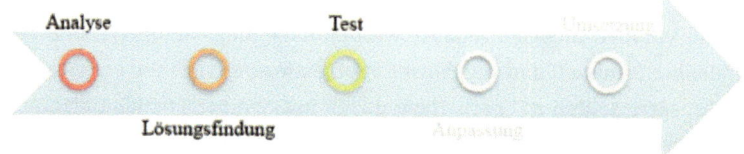

Abbildung 6: Testphase

Um die Korrektheit der aufgestellten Hypothesen zu überprüfen und Vermutungen mit Fakten zu untermauern, sind Testpläne und Experimententwürfe erforderlich. Der erste Kundenkontakt im Rahmen der Tests muss daher zunächst sorgfältig und strukturiert vorbereitet werden. Besonders die Ziele und die Testmethoden sind im Vorfeld aufeinander abzustimmen. Das Testergebnis soll ein korrektes Problemverständnis ermöglichen und die Wichtigkeit des vermuteten Problems für den Kunden herausstellen. Zusätzlich soll durch den erstmaligen Kontakt mit dem Markt ein Verständnis für dessen Mechanismen und Trends sowie die Konkurrenzsituation gewonnen werden. Zur Informationssammlung kann dabei eine Referenzgeschichte dienen, welche das hypothetisch angenommene Problem in einer

---

[29] Vgl. (Osterwalder & Pigneur, 2011, S. 258-259), (Blank & Dorf, 2014, S. 57-145), (Gassmann, Frankenberger, & Csik, 2013, S. 33-49), (Dark Horse Innovation, 2017, S. 152-157) und (Ries, 2017, S. 73-86). Vorgehensweise bei den zitierten Quellen wie im vorherigen Kapitel.

allgemeinen Formulierung beschreibt und zur Diskussion anregen soll. Dies ermöglicht einen tiefgreifenden Einblick in das Kundenproblem und dessen Ursache sowie die Evaluation der ausgedachten Problemlösung. Dieser Prozess kann in einem Schritt zur ersten Erprobung der entwickelten Problemlösung am Kunden durchgeführt werden oder gliedert in zwei Phasen stattfinden. Die erste Phase umfasst dann die reine Problemanalyse, bei der die oben genannten Punkte überprüft werden, ohne die Problemlösung bereits vorzustellen. Erst in der zweiten Phase wird das mit der Lösung definierte Nutzerversprechen bzw. Geschäftsmodell überprüft.

Zur Überprüfung der entwickelten Konzepte werden die Lösungshypothesen in die Praxis überführt und in sogenannte ‚MVPs‘, den ‚Minimum Viable Products‘ verwirklicht. Diese Prototypen enthalten ein Minimum an Eigenschaften bzw. Funktionen, welche dennoch das erkannte Kernproblem lösen und somit den Mehrwert dem Kunden gegenüber repräsentieren können. Dies ermöglicht eine Überprüfung der Hypothesen zu der Sammlung von Geschäftsmodellvarianten in kurzer Zeit und mit sehr geringem Aufwand. Die Hypothesen werden dafür zuerst in einzelne, zu bestätigende Annahmen aufgespaltet und mit den zugehörigen Eigenschaften im Prototyp umgesetzt. Dies gilt sowohl für den Test einer Software als auch für Produkte und Dienstleistungen. Im Gegensatz zur klassischen Produktentwicklung, bei der am Ende des Prozesses ein erstes Produkt steht, wird der Prototyp bei der Geschäftsmodellentwicklung am Anfang des Lernprozesses zum Schließen von bestehenden Informationslücken verwendet. Das Feedback soll Rückschlüsse dazu liefern, welche Eigenschaften geschätzt und welche vom Kunden als unrelevant wahrgenommen werden. Die Tests können beispielsweise Aufschlüsse über die Zahlungsbereitschaft, eine mögliche Preisspanne für die Problemlösung, die Einflussfaktoren beim Kauf im unmittelbaren Umfeld des Kunden und die Chancen bei der Neukundengewinnung geben. Um diese Kriterien zu testen, ist ein Prototyp bei der Geschäftsmodellentwicklung meist ausreichend.

Besonders bei Innovationen kann das sogenannte ‚Storytelling‘, das Erzählen einer Geschichte, um implizites Wissen mittels einer Metapher weiterzugeben, beim Test der Problemlösung mit externen Fachleuten und potenziellen Kunden hilfreich sein. Die Interviewpartner bekommen so eine bessere Vorstellung zum Nutzungskontext des entwickelten Prototyps. Um eine reelle Situation zu wahren, soll den Kontaktpersonen der Prototyp jedoch nicht erklärt werden. Durch die gegebene Einleitungsgeschichte können sich die Nutzer besser auf die Interaktion mit dem Prototyp konzentrieren und dabei wertvolle Informationen zum

Anwendererlebnis und dem Grad der Problemlösung geben. Die entwickelte Geschäftsmodellidee darf während der Tests nicht verteidigt werden und aufgedeckte Probleme müssen anerkannt werden, um die Lösung verbessern oder gegebenenfalls auch verwerfen zu können. Das potenzielle Scheitern des vorgestellten Produktes muss im Hinterkopf der Beteiligten verankert sein und im gegebenen Fall akzeptiert werden. Dabei sollten auftretende Barrieren nicht zwangsläufig zum Abbruch des Prozesses führen, solange das Gesamtbild des Geschäftsmodells nicht gefährdet ist.

Für das Aufdecken der zentralen Probleme einer Geschäftsmodellidee sind bereits eine geringe Anzahl an Testpersonen ausreichend. Dies ist bei der Planung der notwendigen Ressourcen für die Tests ebenso wie für die Länge der Testphase zu beachten. Die Testphase sollte einerseits so lange wie möglich sein, um ein Gesamtbild über die Situation erhalten zu können, andererseits aber möglichst kurz, um eine unnötige Verschwendung von Ressourcen für nicht erfolgreiche Problemlösungen zu vermeiden.

Zur Erfolgsmessung wird anhand der gewonnenen Testdaten durch das MVP und festgelegten Kennzahlen zum Produktwachstum eine sogenannte ‚Innovationsbilanz' erstellt. Die Kennzahlen zur Ergebnisbewertung werden anwendungsorientiert zur Analyse des Kundenverhaltens definiert. Die Daten sollten für die Bewertung der Geschäftsmodellentwicklung möglichst für einzelne Kundensegmente und die verschiedenen Produktversionen erhoben werden. Letzteres kann in einem Testverfahren namens ‚Split-Run' gewonnen werden, indem die Versionen zeitgleich verschiedenen Testgruppen vorgelegt und die Reaktionen erfasst werden. Die Innovationsbilanz gibt dann, gefüllt mit den Testdaten, einen Überblick über den Fortschritt des Entwicklungsprozesses.

Das Ziel dieser Phase ist es die Lösungshypothese durch Iterationsschleifen zu testen und das Wertversprechen, die dahinterstehende Funktionsweise und die nutzerfreundliche Anwendung für ein marktreifes Geschäftsmodell herauszuarbeiten. Die entwickelte Lösung muss den Kundenwünschen entsprechen und sollte wirtschaftlich sowie technologisch umsetzbar sein.[30]

---

[30] Vgl. (Blank & Dorf, 2014, S. 61-66, 177-199), (Dark Horse Innovation, 2017, S. 202-221), (Ries, 2017, S. 73-132) und (Osterwalder & Pigneur, 2011, S. 258-263). Vorgehensweise bei den zitierten Quellen wie in Kapitel 2.3.1.

2.3.4 Anpassung und Weiterentwicklung

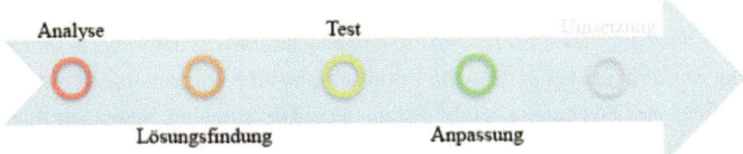

Abbildung 7: Anpassungsphase

Eine der zentralen Fragen im Entwicklungsprozess ist die Frage nach einem Kurswechsel oder der Weiterentwicklung der Idee auf Basis der gewonnenen Erkenntnisse aus der Testphase. Werden die Ergebnisse der geprüften Hypothesen zusammenfassend betrachtet, muss das Geschäftsmodell eine ausreichende Schnittmenge zwischen dem Produkt und Markt aufweisen und die Kunden und ihr Kaufverhalten müssen klar identifiziert sein. Das heißt, das Geschäftsmodell muss auf lange Sicht durch die damit generierten Erträge ein Unternehmenswachstum sowie Skalierungseffekte ermöglichen. Die Weiterverfolgung bzw. Anpassung der Geschäftsidee bedingt im nächsten Schritt hohe Investitionen für den Markteintritt und bedarf deshalb Vertrauen in die Kundenbegeisterung für das entwickelte Produkt bzw. den Service. Dieses Vertrauen kann durch eine erneute, möglichst objektive Betrachtung der Testergebnisse untermauert werden. Dabei sollte die Frage gestellt werden, ob die Begeisterung der Kunden für die angebotene Problemlösung deutlich erkennbar ist und diese bereits für den unausgereiften Prototyp besteht. Ebenso ist zu prüfen, ob die Testergebnisse die Annahmen ausreichend verifiziert haben, ohne dabei eine zu enthusiastische Bewertung der Innovatoren einfließen zu lassen. Scheiterte ein einzelne Annahme im Rahmen eines Tests, so muss die Idee nicht gänzlich verworfen werden. Als weitere Option kann die Idee auch einer anderen Käufergruppe präsentiert und erneut einer Erfolgsmessung unterzogen werden.

Bei dem Entschluss über die Fortführung einer Idee spielt das Umsatzmodell eine entscheidende Rolle. Die Testdaten, wie Verkaufserlöse und Marktgrößenschätzung, werden den Marketing- und Vertriebskosten gegenübergestellt, um durch eine Verrechnung eine Vorhersage der Nettoerlöse generieren zu können. Dieser Wert, auch ‚Cash-Burn' genannt, gibt Auskunft über die potenzielle Profitabilität bei Umsetzung der Idee und soll bei unzureichendem Ergebnis zu einer Anpassung bzw. zum Verwerfen der Geschäftsidee führen. Des Weiteren kann der Zeitpunkt notwendiger Investitionsschwellen an dieser Kennzahl abgelesen werden. Bei der finanziellen Bewertung muss auch dem bekannten Hockey-Stick-Effekt Beachtung geschenkt werden. Ein kurzzeitiger Betrachtungszeitraum ist demnach zu vermeiden, da nach hohen Anfangsinvestitionen der Gewinn erst in der späteren Wachstumsphase der Idee einsetzt und auf lange Sicht erwirtschaftet wird. Diese Bewertung ist vor allem bei etablierten Unternehmen eine kontroverse Denkweise beim Vergleich mit den bereits erfolgreichen Geschäftsmodellen. Neben der finanziellen Betrachtung sollte die Bewertung der von außen auf das Geschäftsmodell einwirkenden Faktoren ebenfalls langfristig sowie regelmäßig erfolgen. Das Ergebnis bestimmt über kleine Anpassungen oder eine Komplettüberholung des Geschäftsmodells und sollte eine proaktive Anpassungsreaktion widerspiegeln.

Der schnelle Durchlauf der Feedbackschleife lässt eine Früherkennung für Kurswechsel zu und spart Ressourcen. Erweist sich eine Hypothese als falsch, führt dies meist zu einer Strategieänderung und somit an den Anfang des Entwicklungsprozesses zurück. Die neu aufgestellte Hypothese ist eine weitere Chance ein profitables Geschäftsmodell auf den Markt zu bringen und setzt die Ergebnisse des Lernprozesses in einen neuen Kontext. Bei der Entscheidungsfindung wird eine Kurskorrektur nicht als negativ, sondern als Sprungbrett auf die nächste Ebene des Lernprozesses gewertet. Misserfolg verkörpert eine Notwendigkeit für den Lernprozess und hilft durch einen veränderten Fokus die Problemlösung zu verbessern. Aufgrund dessen sollten Entscheidungsmeetings, angepasst an die Durchlaufzeit der Feedbackschleife, ein fester Bestandteil im Entwicklungsprozess für Innovationen sein.

Wird eine Geschäftsidee aufgrund positiver Rückmeldungen weiterverfolgt, zieht dies das Definieren von Kontrollpunkten, z. B. die Annahme von durchschnittlich zwei Bestellungen monatlich pro Kunde, nach sich. Werden die festgelegten Kontrollpunkte im späteren Verlauf des Geschäftsmodells unterschritten, besteht das Risiko des Scheiterns des gesamten Modells. Die Innovationsbilanz, wie im vorherigen Kapitel beschrieben, ist eine Sammlung dieser Kontrollpunkte und erfasst die quantitativen Marktrückmeldungen. Sie dient als Entscheidungsgrundlage bei der Erreichung vorher festgelegter Meilensteine und beinhaltet die für eine Entscheidung wertvollen aktionsorientierten Kenngrößen.[31]

---

[31] Vgl. (Blank & Dorf, 2014, S. 201-213), (Osterwalder & Pigneur, 2011, S. 258-263) und (Ries, 2017, S. 75, 88-91, 133-156). Vorgehensweise bei den zitierten Quellen wie in Kapitel 2.3.1.

2.3.5 Umsetzung im Unternehmen

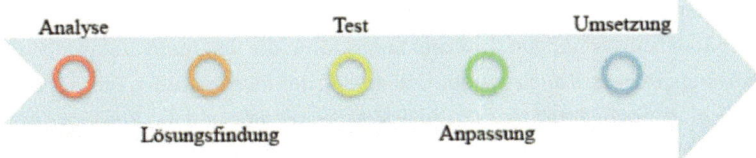

Abbildung 8: Umsetzungsphase

Die praktische Umsetzung von Geschäftsmodellen bildet die Existenzgrundlage von Unternehmen und dennoch gilt die interne Anbindung von neu entwickelten Geschäftsmodellen als eine der größten Herausforderungen. Die Übertragung des Modells in das Geschäft eines etablierten Unternehmens bedingt eine Investitionsentscheidung und eine Roadmap für zukünftige Investitionen, da für den Aufbau und die Umsetzung finanzielle sowie personelle Ressourcen benötigt werden. Vor dieser Entscheidung werden die Chancen und Risiken bei einer Verwirklichung des Geschäftsmodells abgewogen.

Kommt es zur Umsetzung des Modells sollte eine separate Stelle das Geschäftsmodell im Unternehmen steuern. Die Integration in das vorhandene Portfolio ist eine besonders schwere Aufgabe und beinhaltet die Analyse möglicher Synergien und Konflikte mit den bereits bestehenden Geschäftsmodellen des Unternehmens. Darunter zählt auch das Festlegen der rechtlichen Eingliederung des neuen Geschäftsmodells, welche sich besonders auf die spätere Ressourcenverteilung auswirkt. Die Überführung inkludiert den Aufbau der Zielkunden, der internen Strukturen, der benötigten Partner und Fähigkeiten, eines Monitoringsystems sowie die Schaffung einer offenen Unternehmenskultur. Um all diese Aufgaben erfolgreich meistern und mit internen Widerständen umgehen zu können, werden Methoden aus dem Changemanagement angewendet.

Extern muss einerseits der Kundenbedarf durch gezielte Marketingaktionen geweckt und Vertriebskanäle belebt werden. Andererseits werden potenzielle Partner für Lieferbeziehungen und dem gemeinsamen Aufbau von Fähigkeiten kontaktiert. Andere Optionen, um das benötigte Know-how zu gewinnen, stellen die interne Entwicklung oder der Zukauf von Wissen dar. Intern wird das kreative Entwicklungsteam durch strukturierte Abteilungen und die zugehörigen Verantwortlichen abgelöst. Die erfahrenen Manager definieren in ihrer neuen Rolle die einzelnen Projekte und Meilensteine, entwerfen eine Projekt-Roadmap und schaffen formale Mechanismen, Anreize und Budgets. Ein Performance Management System zum monitoren der erwarteten Gewinne und Risiken ergänzt die interne Ausgestaltung der Strukturen und Prozesse. Ebenso erwähnenswert ist das Schaffen einer änderungsfreudigen Unternehmenskultur, die den Innovationsgeist des Entwicklungsprozesses auch bei der Umsetzung der Idee fortführt. Diese Kultur kann durch eine intelligente Steuerung der Mitarbeiterziele und das konsequente Vorleben durch die Führungsebene erreicht werden. Die Offenheit für Veränderungen schafft bei den Mitarbeitern Vertrauen und Sicherheit gegenüber dem entwickelten Geschäftsmodell und seiner langfristigen wirtschaftlichen Tragfähigkeit.[32]

---

[32] Vgl. (Dark Horse Innovation, 2017, S. 264-265, 299-307), (Blank & Dorf, 2014, S. 24-25), (Osterwalder & Pigneur, 2011, S. 260-263) und (Gassmann, Frankenberger, & Csik, 2013, S. 49-71). Vorgehensweise bei den zitierten Quellen wie in Kapitel 2.3.1.

3 Aktuelle Megatrends

Die Gesellschaft unterliegt einem stetigen Wandel. Es werden die unterschiedlichsten kleineren Veränderungen beobachtet, welche sich zu einzelnen Strömen in die gleiche Richtung zusammenfassen lassen. Die Clusterung dieser Ströme wird in Megatrends ausgedrückt und dient zur Beschreibung der grundlegenden Veränderungen, die das Weltgeschehen derzeit und auch in Zukunft langfristig prägen werden. Diese Entwicklungskonstanten, welche über mehrere Jahrzehnte ihre Wirkung entfalten, beeinflussen die Menschen und alle Gesellschaftsebenen. Sie lassen sich durch ihren breiten Einfluss auf die Gesellschaft und Politik bis hin zur Wirtschaft, dem Konsumverhalten und der Kultur charakterisieren. Sie bilden die Grundlage für Veränderungen und stoßen veraltete Geschäftsmodelle ab und neue Geschäftsmodelle an.

Da sich die Trends oft nicht scharf voneinander abgrenzen lassen, werden meist eine Vielzahl von Einzeltrends zu einem Megatrend zusammengefasst. Die aktuell wirkenden Megatrends sind nicht einheitlich formuliert und variieren in ihrer Anzahl je nach Herkunftsquelle. Ein Überblick über eine Auswahl der aktuell wahrgenommenen Strömungsrichtungen bietet Abbildung 9.[33]

---

[33] Vgl. (Zukunftsinstitut GmbH, 2018) und (Hansen, 2018).

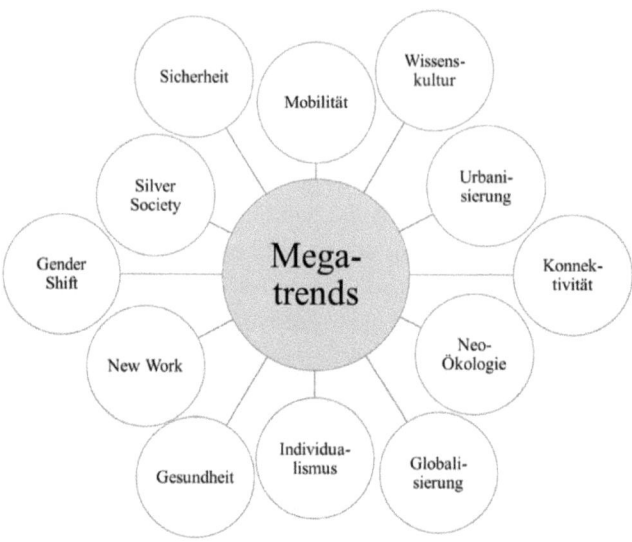

Abbildung 9: Überblick der Megatrends[34]

3.1 Fokussierte Megatrends

Aus der Vielzahl der Megatrends, die derzeit unsere Umwelt gestalten, werden im Folgenden, um den Rahmen dieser Arbeit zu wahren, nur einige wenige genauer betrachtet. Es wurden dabei Megatrends herausgegriffen, welche für die Automobilindustrie als wichtig erscheinen und sich somit besonders stark auf die deutsche Wirtschaft auswirken. Die Megatrends, die sich auf die brancheneigenen Trends der Automobilindustrie besonders auswirken, sind die Mobilität, die Urbanisierung, die Ökologisierung und die Konnektivität.

3.1.1 Mobilität

Als Grundlage des Privat- und Wirtschaftslebens formt die Mobilität die Gesellschaft maßgeblich. Im multimobilen Zeitalter wird die Mobilität und die dadurch gewonnene Flexibilität zur Verpflichtung für die Freizeit, den globalen Tourismus und das Arbeitsleben. Die Bedürfnisse steigen weiter an und treiben die Suche nach einer ökonomischen, komfortablen und zugleich nachhaltigen Mobilitätslösung an. Der weltweite Personen- und Warenverkehr nimmt stark zu und erhöht

---

[34] Eigene Darstellung in Anlehnung an (Zukunftsinstitut GmbH, 2018)

durch die Verknüpfung mit der Informationstechnologie die Datensammlung und somit auch die globalen Informationsströme. Individualfahrzeuge werden dabei zu autonomen Datenerzeugern. Der mobile Lifestyle findet in Verbindung mit der Urbanisierung sein Extrem und macht Verkehrsstationen zum Arbeits- und Lebensraum der Bevölkerung der Zukunft. Durch die Urbanisierung, welche im folgenden Abschnitt genauer erläutert wird, gewinnen neue, effiziente Konzepte für die Mobilität in weniger besiedelten ländlichen Regionen und für den wachsenden Anteil der Senioren mit Mobilitätseinschränkung an Bedeutung. [35]

3.1.2 Urbanisierung

Die Zukunft der Städte gestaltet sich vernetzter und ebenso lebenswerter als aus der Vergangenheit bekannt. Das Wiederaufleben der Stadt als Lebens- und Kulturzentrum führt zu einer nie dagewesenen Vielfalt und verändert das Bewusstsein der Menschen zu ihren Städten. Dies lässt den Anspruch eines grünen Umfeldes auch in urbanen Gebieten aufkommen. Zwischen den wachsenden Megacitys wird ein Wettbewerb um die mobilen Talente und dem Ansiedeln neuer Industrien entstehen.

Der Trend der Urbanisierung zeigt seine Ausmaße insbesondere in den Schwellen- und Entwicklungsländern, in denen die städtischen Ballungszentren nie dagewesene Umfänge annehmen. Effiziente Infrastrukturen für ein nachhaltiges Leben in der Stadt werden immer wichtiger. Die Innovationskraft des Städtebaus bündelt sich zukünftig in den neu entstehenden Städten der Schwellenländer, da dort die größten Anforderungen an Infrastrukturen aufgrund des Wachstums bestehen werden. Laut einer Studie werden 2030 schon 60 Prozent der Weltbevölkerung in Städten leben. In den Industriestaaten werden es bereits bis zu 81 Prozent der Bevölkerung sein. Ebenso wird über die Hälfte der Menschen in Entwicklungsländern dem Trend der Urbanisierung folgen. Doch die Wachstumsgrenzen der städtischen Gebiete werden immer deutlicher und stellen, neben den Entwicklungsproblemen der ländlichen Gebiete, einer der Herausforderungen der Zukunft dar.[36]

---

[35] Vgl (Hansen, 2018), (Zukunftsinstitut GmbH, 2018), (Nagels, 2017) und (Gesellschaft für Innovative Marktforschung mbH, 2017)
[36] Vgl. (Zukunftsinstitut GmbH, 2018), (Krys, 2017) und (Hansen, 2018)

3.1.3 Ökologisierung

Getrieben vom Klimawandel, der Rohstoffknappheit, steigenden Umweltproblemen und der Sensibilisierung der Bevölkerung für die Umwelt entstand der Megatrend der Ökologisierung. Die Globalisierung trägt die hauptsächlich auf die Schwellen- und Entwicklungsländer konzentrierten Umweltprobleme in die Köpfe der Weltbevölkerung und ruft durch ein verändertes Umweltbewusstsein ein Umdenken hervor. Die Green Economy führt zur Ausweitung von Umweltschutzgesetzen und neuen technologischen Innovationen zum Schutz der Umwelt und der natürlichen Ressourcen. Da die wichtigste Basis der Industrie die Inputfaktoren sind, welche heutzutage meist noch aus endlichen Energie- und Ressourcenquellen bestehen, impliziert dies einen Wandel der Wirtschaft.

Neben dem gesellschaftlichen Druck der Ökologisierung zwingt der steigende Energiebedarf und die Knappheit der Rohstoffe Unternehmen zur Verwendung von innovativen Technologien. Das Umdenken der Wirtschaft und Gesellschaft soll das Ungleichgewicht zwischen der benötigten und der verfügbaren biologischen Kapazität unserer Erde auszugleichen. In Folge dessen wird Marktwachstum zukünftig durch einen Mix aus Ökologie, Ökonomie und Übernahme sozialer Verantwortung generiert. Dies wird vorrangig durch den Wandel des Konsumverhaltens geprägt und zwingt die industriellen Systeme auf lange Sicht zur Umstellung auf die neue Geschäftsmoral.

Der Einsatz erneuerbarer Ressourcen, das abfallfreie Wirtschaften und Recycling sowie die Ressourcenschonung durch eine Sharing Economy, beispielsweise beim Carsharing, zeichnen das zukünftige Weltgeschehen unter dem Einfluss der Ökologisierung.[37]

3.1.4 Konnektivität

Das Internet der Dinge macht die Kommunikation der Menschen und Maschinen miteinander möglich und bildet das Fundament der Konnektivität. Dieses Zusammenwachsen führt zu weltweiten Netzwerken, welche durch ein vereinfachtes Schnittstellenmanagement der beteiligten Geräte eine intelligente Infrastruktur schafft. Alltagsgegenstände erlangen eine digitale Identität und wachsen mit Technologien, wie beispielsweise Informationstechnik, Robotik sowie Sensorik, zusammen, um sich als smarte Elemente in das Netzwerk zu integrieren. Durch die

---

[37] Vgl. (Krys, 2017), (Hansen, 2018) und (Zukunftsinstitut GmbH, 2018)

Konnektivität entsteht eine neue Kultur der Offenheit, die unter anderem Unternehmensgrenzen öffnet und damit neue Formen der Gemeinschaft und des Zusammenarbeitens in der Wirtschaft auslöst.[38]

Bereits heute sind wir in unserer Wohn- und Arbeitsumgebung von sogenannten ‚Smart Devices' umgeben. Werden diese Geräte durch künstliche Intelligenz und Sensoren ergänzt, entsteht ein neues Level an Effizienz im privaten sowie beruflichen Alltag. Auch in Gartners berühmten Hype Cycle wird das vernetzte Wohnen als Megatrend erfasst und ein Durchbruch in den nächsten fünf bis zehn Jahren prognostiziert. Der Trend der Konnektivität wird in anderen Quellen unter Algorithmisierung geführt und bezieht sich neben der Hardware auch auf die Software der intelligenten Vernetzungsgeräte. Diese können lernen auf uns zu reagieren und eigene Entscheidungen treffen, mit dem Ziel der Optimierung des menschlichen Lebens.

Eine kritische Betrachtung dieses technisch unterstützten Komforts wirft Gedanken an begrenzte Freiheit und die Überflüssigkeit des Menschen in Bezug auf das Denken und Entscheiden auf. Kritiken zum Trotz durchdringt die Konnektivität bereits heute alle Lebensbereiche und löst weit mehr Disruption als andere Megatrends aus.[39]

3.2 Trends der Automobilindustrie

Die aktuellen Megatrends, die das Bild unserer Welt gestalten, machen auch vor der Automobilindustrie keinen Halt und werden diese auf Dauer grundlegend verändern. Doch nicht nur bei Automobilherstellern, spielen die Auswirkungen der Trends auf die Geschäftsmodelle eine Rolle, auch oder gerade bei den Zulieferern, welche ihre Handlungsfähigkeit unter Beweis stellen müssen, rücken die Megatrends in den Fokus. Automobilzulieferer sind schon heute nicht mehr nur verlängerte Werkbanken der Hersteller, denn rund 75 Prozent der Wertschöpfung eines Neufahrzeuges wird durch die Zulieferer generiert. Sie tragen durch die Entwicklung und Erprobung neuster Technologien weitreichende unternehmerische Verantwortung bei der zukünftigen Ausrichtung der Branche.

---

[38] Vgl. (Zukunftsinstitut GmbH, 2018) und (Hansen, 2018)

[39] Vgl. (Krys, 2017), (Pütter, 2018), (Gesellschaft für Innovative Marktforschung mbH, 2017) und (Zukunftsinstitut GmbH, 2018)

Die in einer Studie prognostizierten Marktzuwächse für Fahrzeugkomponenten erzeugen auf den ersten Blick für die Zulieferindustrie kaum Veränderungsdruck. Demnach wird sich das globale Marktvolumen im Automobilzulieferergeschäft bis 2020 auf zwei Billionen Euro verdoppeln. Doch ein zweiter Blick auf die durchgeführte Studie zeigt eine deutliche Verschiebung der Gewinne zwischen den Segmenten und hin zu neuen Anbietern auf dem Markt. Dies wird vor allem durch den technologischen Wandel, insbesondere durch die modernen Mobilitäts- und Konnektivitätsangebote, ausgelöst und bedroht die bisherigen Geschäftsmodelle der Zulieferer. Zu diesem Wandel, dargestellt in Abbildung 10, zählen sowohl die Veränderung durch die Digitalisierung und die damit einhergehende Vernetzung als auch der Einsatz von gewichtssparenden Werkstoffen und die Verringerung des verwendeten Materials.

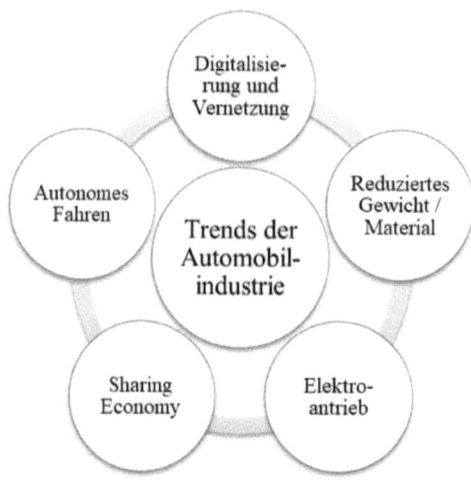

Abbildung 10: Trends der Automobilindustrie[40]

Die Ausweitung des Elektroantriebes, die Sharing Economy und die Entwicklung der Software für autonomes Fahren sind weitere Auswirkungen der Megatrends, die besonders spezialisierte Automobilzulieferer vor große Herausforderungen stellt und Offenheit erfordert, um neue Wege zu gehen und sich am wachsenden Markt behaupten zu können.[41]

---

[40] Eigene Darstellung in Anlehnung an (Dr. Pluta & Glück, 2017) und (Rohling, 2017)
[41] Vgl. (Dr. Pluta & Glück, 2017)

3.2.1 Elektroantriebe und Gewichtsreduktion

In Zeiten steigender Energiekosten und gesetzlich geregelter Schadstoffgrenzen findet die Umstellung auf alternative Antriebe, wie den Elektroantrieb, und gewichtsreduzierte Materialien besonders großen Anklang. Die Nutzung der Elektrofahrzeuge durch die Verbraucher nimmt weltweit weiter zu und ist, abgesehen vom Kostendruck und der Schonung der Umwelt, auf die steigende Reichweite der Fahrzeuge zurückzuführen. Als Treiber für diese Marktentwicklung ist insbesondere China zu nennen, das Land, das bis 2020 plant, zwölf Millionen Elektrofahrzeuge auf die Straßen zu bringen.

Mit diesem Trend geht auch ein Umbruch bei den Zulieferern einher, da für Elektromotoren rund zehnmal weniger Teile als für einen konventionellen Verbrennungsantrieb benötigt werden. Ebenso werden die heutigen Betriebsmittel, wie beispielsweise Schmierstoffe, sowie herkömmliche Materialien oft ersetzt. Eine weitere Folge sind die steigenden Anforderungen an die Fahrgastzelle bezüglich der elektromagnetischen Verträglichkeit. Dies bedingt eine kritische Reflexion des aktuellen Produktportfolios der Lieferanten der Automobilindustrie. Betroffen sind vorrangig Lieferanten von konventionellen Ventilen und Kompressoren für Verbrennungsmotoren.[42]

3.2.2 Autonomes Fahren

Für die von der Digitalisierung geprägte Käuferschicht gewinnt das autonome Fahren immer mehr an Interesse. Das hat auch die Angebotsseite erkannt, denn laut Prognosen wird der Markt für Fahrassistenzsystemen und automatisierten Fahrfunktionen bis 2025 voraussichtlich um das Fünffache wachsen. Pkw können heute bereits teilautomatisiert nach Stufe zwei bzw. vollautomatisiert nach Stufe vier erworben werden.[43] Diese Art des Fahrens wird in Zukunft sowohl bei der Fortbewegung mit Personenkraftwagen als auch bei Bussen und Lastkraftwagen nachhaltig Einzug halten. Die Ausrichtung der Aufmerksamkeit der Fahrzeugführer verändert sich dadurch grundlegend in Richtung der nicht für die Fahrzeugführung relevanten Aktivitäten. Dies bezieht sich unter anderem auf das Essen und Trinken,

---

[42] Vgl. (Russo, 2016), (Naceur, 2017) und (Berret, 2017, S. 46)

[43] Die Stufen des autonomen Fahrens sind standardisiert und werden in Anhang A genauer erläutert.

die Beschäftigung mit Angeboten des Infotainments[44] sowie dem Erledigen von Arbeitsaufgaben während der Fahrt, was den Bedarf nach neuen IT unterstützten Innenraumkonzepten weckt.[45]

Die Innenausstattung war bisher eine relativ konstante Komponente eines Fahrzeuges, bezogen auf technische Ansprüche und somit auch auf den Wertanteil am Fahrzeugwert. Der Spielraum der technischen Unterstützung des Innenraums wird durch die Verbreitung des autonomen Fahrens exponentiell ansteigen. Laut einer Studie von PWC gipfelt dies in einer Wohnzimmeratmosphäre im Fahrzeuginnenraum. Folglich werden jedoch die Kosten für die Fahrzeugelektronik gemessen am Gesamtwert für ein Fahrzeug massiv ansteigen, was die Automobilhersteller und Zulieferer dazu zwingt ihre Ressourcen bzw. ihr Budget für ein Neufahrzeug mit diesen innovativen Technologien anders zu verteilen. Viele Hersteller gehen dazu über die Entwicklung der neuen Technologien in die Hände der Zulieferer zu geben. Die Verlierer dieser Entwicklung werden die Lieferanten der traditionellen Innenraumkomponenten, wie zum Beispiel analogen Anzeigen, Knöpfe und Schalter, sein.[46]

3.2.3 Vernetzung und Digitalisierung

Die Vernetzung der Fahrzeuge und Fahrzeugsysteme rufen Softwarehersteller aus dem Bereich der Kommunikationstechnik auf den Plan. Schon jetzt ist dieses aufstrebende Absatzgebiet hart umkämpft und wird neben den traditionellen Herstellern auch von großen Technologiefirmen, wie beispielsweise Google oder Apple, ins Visier genommen. Dieses Beispiel spiegelt die fortschreitende Verzahnung der IT mit der Automobilindustrie wider. Für strategische Partnerschaften zur Digitalisierung der Fahrzeuge werden Softwarehersteller für die Automobilhersteller immer wichtiger. Die Möglichkeiten der Fahrzeugvernetzung und des Infotainments im Innenraum generieren ein fahrzeugeigenes Ökosystem.

Dieter Zetsche, Vorstandvorsitzender der Daimler AG, sieht die Zukunft der Automobilindustrie in der Analyse und der wirtschaftlichen Vermarktung der in diesem Ökosystem gewonnenen Daten. Auch McKinsey veröffentlichte eine Studie zu

---

[44] Infotainment: Ein Kunstwort aus Information und Entertainment, welches unterhaltsame Elemente und das Bereitstellen von Informationen beschreibt.
[45] Vgl. (Russo, 2016), (Berret, 2017, S. 42, 46) und (McKinsey & Company, Inc., 2016, S. 6)
[46] Vgl. (Parkin, Wilk, Hirsh, & Singh, 2017) und (Berret, 2017, S. 46)

diesem Thema und bewertet den Aufbau eines Ökosystems, mit dem die Automobilhersteller als integrierte Mobilitätsdienstleister auftreten, als wichtigen Erfolgsfaktor der Zukunft.[47]

3.2.4 Sharing Economy

Als Folge der Urbanisierung der Gesellschaft konzentriert sich die Bevölkerung auf die Innenstädte, dies führt dazu, dass sich auch immer mehr Fahrzeuge in diesen Bereichen bewegen. Der Einsatz innovativer Mobilitätskonzepte, wie beispielsweise Buslinien mit individuellen und zugleich intelligent berechneten Routen, wird für die Reduktion von Staus so immer wahrscheinlicher. In Verbindung mit der Sharing Economy, die sich durch die gemeinsame Nutzung von Gütern auszeichnet, werden die Auswirkungen auf den Markt noch intensiver spürbar sein. Die Verkaufszahlen der für den Individualverkehr ausgelegten Fahrzeuge sinken, was bei der Planung der Automobilhersteller berücksichtigt werden muss.

Um mit diesen Trends umzugehen und diese sowohl finanziell als auch durch die Kernkompetenzen der Unternehmen schultern zu können, ist die Zusammenarbeit unterschiedlichster Industriezweige, welche zukünftig am Produktlebenszyklus eines Fahrzeugs beteiligt sein werden, für die Entwicklung neuer Geschäftsfelder essentiell. Auch sollte, wie dies bereits einige Automobilhersteller schon tun, über die Aufnahme von Carsharing-Angeboten ins Produktportfolio nachgedacht werden.[48]

3.2.5 Branchenstrukturwandel

Vor dem vorgestellten Hintergrund der Branchenveränderungen müssen Lieferanten mehr und mehr ihre Flexibilität und Anpassungsfähigkeit innerhalb ihres Portfoliomanagements unter Beweis stellen. So reicht es heute nicht mehr aus nur auf organisches Wachstum in den traditionellen Feldern zu bauen. Die Kooperationen zwischen den Herstellern unterschiedlicher Industrien, die veränderten Konsumentenansprüche getrieben von den Megatrends, sowie die neuen Technologien eröffnen eine Vielzahl an Geschäftsmöglichkeiten für Zulieferer. Diese Chancen zu nutzen wird durch die zunehmende branchenübergreifende Konkurrenz noch dringlicher und bedingt ein aktives Portfoliomanagement der Zulieferer. Experten

---

[47] Vgl. (Russo, 2016), (Berret, 2017, S. 42, 46) und (McKinsey & Company, Inc., 2016, S. 6)
[48] Vgl. (Naceur, 2017), (Rohling, 2017) und (Hattrup, 2016)

sind der Meinung, dass Zulieferer ihre Kernkompetenzen überprüfen und an die neuen Technologien anpassen müssen, um diese für sich zu erschließen und langfristig, über die nächste Fahrzeuggeneration hinaus, Innovationen auf den Markt bringen zu können.[49]

Die beschriebenen Trends wirken sich weitreichend auf die Märkte der Zukunft aus und stellen neue Herausforderungen an die bereits auf den Märkten agierenden Unternehmen. An diesem Punkt nimmt das unter Kapitel 2 beschriebene Business Development mittels der Entwicklung von Geschäftsfeldern und -modellen eine wichtige Rolle ein, um neue Geschäftsmöglichkeiten aufdecken und wertschöpfend nutzen zu können. Hierbei kann, laut einer Studie von McKinsey, der Fokus auf Geschäftsfelder, wie das Carsharing und das Infotainment im Fahrzeuginnenraum, das prognostizierte Branchenwachstum noch übertreffen.[50]

---

[49] Vgl. (Russo, 2016)
[50] Vgl (DIM Deutsches Institut für Marketing GmbH, 2015) und (Hattrup, 2016)

4 Zusammenfassung der Ergebnisse

Die sich mit hoher Geschwindigkeit verändernde Wirtschaft und Gesellschaft wird durch neuste Technologien und Megatrends getrieben. Das beeinflusst in Deutschland insbesondere die Automobilindustrie, denn beispielsweise durch das autonome Fahren wandert die Aufmerksamkeit auf die Innenraumausstattung der Fahrzeuge und es entsteht ein großes Potenzial für neue Geschäftsmodelle.

Daraus leitete sich die Zielsetzung ab, durch das Business Development mit innovativen Ansätzen ein neues Geschäftsfeld zu erschließen. Nach Erläuterung der theoretischen Grundlagen wurde mithilfe der Methoden aus dem Bereich der Startups, die sich am dynamischen und disruptiven Umfeld orientieren, ein Phasenmodell zum Vorgehen entwickelt. Dieses beabsichtigt die Schaffung eines Geschäftsmodelles innerhalb eines eingegrenzten Geschäftsfeldes. Das eigens entwickelte Phasenmodell besteht aus fünf Phasen, die eine Kombination der bekannten vorgestellten Theorien bildet, und setzt sich aus

- der Analyse des Marktes zu Kundenbedürfnissen und bestehenden Problemstellungen,
- der Lösungsfindung zu den festgestellten Problemen,
- dem anschließenden Test des grob entwickelten Geschäftsmodells,
- einer eventuellen Anpassung nach erhaltenen Rückmeldungen und
- der Weiterentwicklung des Geschäftsmodells sowie dessen Umsetzung in die Realität zusammen.

Nachdem der theoretische Hintergrund dieser Arbeit verdeutlicht wurde, wurden die aktuellen Wirtschaftsgegebenheiten betrachtet. Hierunter fällt das Aufzeigen der aktuellen Megatrends, die einen Einstieg in die aktuell herrschende Problemstellung am Markt geben. Dabei wurden insbesondere die Megatrends, welche sich auf die Automobilindustrie auswirken herausgegriffen und näher untersucht. Die daraus folgenden speziellen Industrietrends, die sich beispielsweise durch das autonome Fahren und Elektroantriebe kennzeichnen lassen, wurden zur Verdeutlichung der Auswirkungen detailliert beschrieben.

Die Umsetzung des in der Theorie entwickelten Vorgehens konnte an einer Fallstudie mit einem Kooperationsunternehmen getestet werden.[51] Unter der

---

[51] Nicht Inhalt dieser Arbeit

praktischen Anwendung des Modells konnten dessen Bestandteile unter Wahrung des zeitlichen Rahmens größtenteils überprüft werden. Als Ergebnis kann festgehalten werden, dass keine der Phasen des Prozesses gänzlich verworfen werden musste. Es mussten lediglich Einschränkungen bei der Auswahl der Lösungsansätze und der Bewertungsmethode der Wirtschaftlichkeit des entwickelten Geschäftsmodells, aufgrund von Unternehmens- und Branchenbedingungen erfolgen.

Der durchgeführte Business Case war dennoch von Erfolg gekrönt, da ein neues vielversprechendes Geschäftsmodell gefunden werden konnte. Wenn auch dem entwickelten Phasenmodell aufgrund branchenüblicher Gegebenheiten nicht in allen Punkten Folge geleistet werden konnte, so konnte es dennoch als Leitlinie erfolgreiche Ergebnisse erzielen.

5 Kritische Diskussion und Ausblick

Zum Abschluss dieser Arbeit bedarf es einer kritischen Auseinandersetzung mit dem Vorgehen und dem erstellten Inhalt. Unter anderem wurden im Laufe der Erstellung dieser Arbeit Fragenstellungen aufgeworfenen, auf die es zur Wahrung des Rahmes der Arbeit nicht möglich war angemessen einzugehen. Diese Ansätze sollen jedoch nicht ungenannt bleiben.

Bei der Bearbeitung der vorliegenden Arbeit bestand stets der Anspruch die verwendeten qualitativen und quantitativen Daten so transparent und allumfassend wie möglich wiederzugeben. Dennoch kann die Reliabilität der Ergebnisse, insbesondere durch den durchgeführten Kreativprozess nicht lückenlos garantiert werden. Anders gesagt, kann die Wiederholung des durchlaufenen Prozesses zu anderen Ergebnissen führen.

Die verwendeten Quellen zeigen, dass das Forschungsfeld im Bereich Business Development in den letzten Jahren stark in Bewegung ist. Hauptsächlich wurde zur theoretischen Definition der Vorgehensweise Literatur verwendet die die letzten drei bis fünf Jahre veröffentlicht wurde, was einen Hinweis auf die Aktualität des Themas gibt.

Die Implementierung eines innovativen Geschäftsmodells in ein etabliertes Unternehmen beherbergt eine Vielzahl von Anknüpfpunkten für weitere Forschungsarbeiten.

Falls sich die angenommenen Trends anders als erwartet entwickeln sollten, so bedarf es Innovationskraft innerhalb der etablierten Unternehmen zur Entwicklung weiterer nachhaltiger Geschäftsmodelle. Das hier vorgestellte Phasenmodell hat seine Validität zur Findung geeigneter Ergebnisse bewiesen und kann auch als Leitfaden für die Erschließung weiterer Geschäftsfelder dienen. Die Dynamik des Automobilmarktes mit seinen neuen Technologien und dem Einfluss der Digitalisierung beinhaltet eine Vielfalt an zu ergründenden Chancen für innovationswillige Unternehmen.

Literaturverzeichnis

Becker, L., Gora, W., & Michalski, T. (2014). *Business Development Management: Von der Geschäftsidee bis zur Umsetzung.* Düsseldorf: Symposion Publishing GmbH.

Berret, M. (Dezember 2017). *www.rolandberger.com > Global Automotive Supplier Study.* Abgerufen am 11. Mai 2018 von www.rolandberger.com: https://www.rolandberger.com/de/Publications/pub_global_automotive _supplier_study_2018.html

Bibliographisches Institut GmbH. (2018). *www.duden.de > Wörterbuch > Innovation.* Abgerufen am 18. Mai 2018 von www.duden.de: https://www.duden.de/rechtschreibung/Innovation

Blank, S., & Dorf, B. (2014). *Das Handbuch für Startups: Schritt für Schritt zum erfolgreichen Unternehmen.* Heidelberg: O'Reilly Verlag GmbH & Co. KG.

Dahlmann, D. (Oktober 2016). *www.dondahlmann.de > Die fünf Level des Autonomen Fahrens.* Abgerufen am 07. Mai 2018 von www.dondahlmann.de: http://www.dondahlmann.de/?p=24974

Dark Horse Innovation. (2017). *Digital Innovation Playbook: Das unverzichtbare Arbeitsbuch für Gründer, Macher und Manager.* Hamburg: Murmann Publishers.

DIM Deutsches Institut für Marketing GmbH. (16. Juni 2015). *www.marketinginstitut.biz - Start > Marketingberatung > Business Development.* Abgerufen am 30. April 2018 von www.marketinginstitut.biz: https://www.marketinginstitut.biz/marketingberatung/business-development/

Dr. Pluta, M., & Glück, J. (14. August 2017). *www.unternehmeredition.de > Restrukturierung, Wissen > Eine Branche im Umbruch > Automobilzulieferer im Dilemma.* Abgerufen am 04. Mai 2018 von www.unternehmeredition.de: https://www.unternehmeredition.de/automobilzulieferer-restrukturierung/

Ebert, J., Chandra, S., & Liedtke, A. (2008). *Innovation Management: Strategies for success and leadership.* Chicago: A.T. Kearney, Inc.

Gassmann, O., Frankenberger, K., & Csik, M. (2013). *Geschäftsmodelle entwickeln: 55 innovative Konzepte mit dem St. Galler Business Model Navigator.* München: Carl Hanser Verlag.

Gesellschaft für Innovative Marktforschung mbH. (Juli 2017). *www.values-visions-2030.com > Megatrends > Die großen gesellschaftlichen Ströme.* Abgerufen am 09. Mai 2018 von www.values-visions-2030.com: http://www.values-visions-2030.com/megatrends.html

Görs Communications. (08. März 2017). *www.goers-communications.de > Home > Innovation > Erfinden plus Vermarkten von Geschäftsmodell-, Service- & Prozess-, Produkt- und Technologie-Innovationen.* Abgerufen am 18. Mai 2018 von www.goers-communications.de: http://www.goers-communications.de/erfinden-plus-vermarkten-von-geschaeftsmodell-service-prozess-produkt-und-technologie-innovationen/

Hansen, J. (2018). *www.zukunftsstark.org.* Abgerufen am 03. Mai 2018 von www.zukunftsstark.org > Megatrends > Diese 16 Megatrends werden unsere Zukunft maßgeblich beeinflussen: https://www.zukunftsstark.org/megatrends/

Hattrup, M. (Januar 2016). *www.mckinsey.de > Autoindustrie: Langfristiger Wachstumskurs ist intakt – aber Erlösquellen verändern sich.* Abgerufen am 08. Mai 2018 von www.mckinsey.de: https://www.mckinsey.de/autoindustrie-langfristiger-wachstumskurs-ist-intakt-aber-erloesquellen-veraendern-sich

Hattrup-Silberberg, M. (Juni 2013). *www.mckinsey.de > Automobilzulieferer: Chancen überwiegen, aber mit neuen Herausforderungen.* Abgerufen am 08. Mai 2018 von www.mckinsey.de: https://www.mckinsey.de/automobilzulieferer-chancen-ueberwiegen-aber-mit-neuen-herausforderungen

Hoffmeister, C. (2015). *Digital Business Modelling: Digitale Geschäftsmodelle entwickeln und strategisch verankern.* München: Carl Hanser Verlag.

Krys, C. (18. Januar 2017). *www.rolandberger.com > Insights > Global topics > Trend Compendium > Megatrends: A bigger picture for a better strategy.* Abgerufen am 09. Mai 2018 von www.rolandberger.com: https://www.rolandberger.com/en/Insights/Global-Topics/Trend-Compendium.html

McKinsey & Company, Inc. (Januar 2016). *www.mckinsey.de > Automotive revolution – perspective towards 2030.* Abgerufen am 11. Mai 2018 von www.mckinsey.de: https://www.mckinsey.de/2016-01-04/automotive-revolution-perspective-towards-2030

Naceur, S. (29. Juni 2017). *www.roedl.de.* Abgerufen am 03. Mai 2018 von www.roedl.de > Themen > Die Megatrends der Automobilindustrie: Wie beeinflussen sie die Zulieferer?: https://www.roedl.de/themen/automobilzulieferindustrie/megatrends-automobilindustrie-oem-elektroauto-autonomes-fahren

Nagels, P. (11. Juli 2017). *www.welt.de > kmpkt > 5 Megatrends > So soll sich unser Leben bis 2030 verändern.* Abgerufen am 09. Mai 2018 von www.welt.de: https://www.welt.de/kmpkt/article166416327/So-soll-sich-unser-Leben-bis-2030-veraendern.html

Osterwalder, A., & Pigneur, Y. (2011). *Business Model Generation: Ein Handbuch für Visionäre, Spielveränderer und Herausforderer.* Frankfurt am Main: Campus Verlag GmbH.

Parkin, R., Wilk, R., Hirsh, E., & Singh, A. (27. Juli 2017). *www.strategyand.pwc.com > PwC > Consulting > Strategy > Industry Trends > 2017 Automotive Trends > 2017 Automotive Industry Trends: The future depends on improving returns on capital.* Abgerufen am 11. Mai 2018 von www.strategyand.pwc.com: https://www.strategyand.pwc.com/trend/2017-automotive-industry-trends

Pohlmann, C. (29. April 2016). *www.marketinginstitut.biz - Start > Blog > Was ist eigentlich ein Geschäftsfeld?* Abgerufen am 03. Juni 2018 von www.marketinginstitut.biz: https://www.marketinginstitut.biz/blog/geschaeftsfeld/

Prof. Dr. Möhrle, M. (14. Februar 2018). *www.wirtschaftslexikon.gabler.de > Startseite > BWL > Allgemeine BWL > Unternehmensführung und Management > Grundlagen und Funktionen der Unternehmensführung.* Abgerufen am 18. Mai 2018 von www.wirtschaftslexikon.gabler.de: http://wirtschaftslexikon.gabler.de/definition/innovation-39624/version-263028

Pütter, C. (21. März 2018). *www.cio.de >Strategien > Hype Cycle > Gartner nennt 3 Megatrends der Zukunft*. Abgerufen am 09. Mai 2018 von www.cio.de: https://www.cio.de/a/gartner-nennt-3-megatrends-der-zukunft,3561336

Ries, E. (2017). *Lean Startup: Schnell, risikolos und erfolgreich Unternehmen gründen*. München: Redline Verlag.

Rohling, G. (20.. September 2017). *www.siemens.com >Innovation > Pictures of the Future > Mobilität & Antrieb >Die Zukunft der Mobilität: Neue Geschäftsfelder*. Abgerufen am 07. Mai 2018 von www.siemens.com: https://www.siemens.com/innovation/de/home/pictures-of-the-future/mobilitaet-uns-antriebe/die-zukunft-der-mobilitaet-neue-geschaeftsfelder.html

Russo, C. (07. Juli 2016). *www.rolandberger.com > Global Automotive Supplier Study 2016*. Abgerufen am 04. Mai 2018 von www.rolandberger.com: https://www.rolandberger.com/de/press/Global-Automotive-Supplier-Study-2016.html

Seth, S. (05. Februar 2018). *www.investopedia.com - Business development: The basics*. Abgerufen am 29. April 2018 von www.investopedia.com: https://www.investopedia.com/articles/personal-finance/090815/basics-business-development.asp

Zapfl, D. (23. August 2016). *www.lead-innovation.com >LEAD Innovation Blog > Innovationsarten*. Abgerufen am 19. Mai 2018 von www.lead-innovation.com: http://www.lead-innovation.com/blog/innovationsarten

Zukunftsinstitut GmbH. (26. März 2018). *www.zukunftsinstitut.de > Megatrends Übersicht*. Abgerufen am 09. Mai 2018 von www.zukunftsinstitut.de: https://www.zukunftsinstitut.de/dossier/megatrends/

Anhang A: Stufen des autonomen Fahrens

Die unterschiedlichen Entwicklungsstufen des autonomen Fahrens werden in fünf Schritte bzw. Level klassifiziert und sind nachfolgend abgebildet. Unter spezifischen Anwendungsfällen sind Straßentypen, Geschwindigkeitsbereiche und Umfeldbedingungen zu verstehen.

Stufe	0	1	2	3	4	5
Ausmaß	Fahrer	Assistiert	Teilautomatisiert	Hochautomatisiert	Vollautomatisiert	Fahrerlos
System	Kein Eingreifen	Übernahme der Längs- oder Querführung, die nicht durch den Fahrer ausgeführt wird	Längs- und Querführung in einem spezifischen Anwendungsfall	Längs- und Querführung in einem spezifischen Anwendungsfall. Aufforderung des Fahrers, bei festgestellter Systemgrenze.	Im spezifischen Anwendungsfall automatische Bewältigung aller Situationen	Übernahme der Fahraufgabe vollumfänglich bei allen Straßentypen, Geschwindigkeitsbereichen und Umfeldbedingungen
Fahrer	Längs- und Querführung dauerhaft ausgeführt	Nur Längs- oder Querführung dauerhaft ausgeführt	Dauerhafte Systemüberwachung	Bereit für potenzielles Eingreifen	Kein Fahrer im spezifischen Anwendungsfall erforderlich	Vom Start bis zum Ziel ist kein Fahrer erforderlich

Tabelle 1: Stufen des autonomen Fahrens[52]

---

[52] Eigene Abbildung in Anlehnung an (Dahlmann, 2016)

Anhang B: Business Model Canvas

Schaffung der Werte		Werte	Vermittlung der Werte	
Schlüsselpartnerschaften	Schlüsselaktivitäten	Wert-angebote	Kunden-beziehungen	Kunden-segmente
Netzwerk von Lieferanten (Beschaffung von Schlüssel-ressourcen) und Partnern (Übernahme ausgelagerter Aktivitäten)	Wichtigste Handlungen des Unternehmens	Leistungsangebot, um Kundenprobleme zu lösen und Kundenbedürfnisse zu befriedigen	Herstellen und Pflegen von Beziehungen zu Kundensegmenten	Ein oder mehrere Kundensegmente aus einer Gruppe von Personen oder Organisationen
	Schlüsselressourcen Wirtschaftsgüter: physisch, finanziell, intellektuell, menschlich		Kanäle Verkaufs-, Distributions- und Kommunikationskanäle, um Kundensegmente mit Wertangeboten zu erreichen	
Erfassung der Werte				
Kostenstruktur			Einnahmequellen	
Alle anfallenden Kosten für Schlüsselressourcen, -aktivitäten und -partnerschaften			Einkünfte bezogen aus Kundensegmenten, durch erfolgreiche Wertangebote	

Tabelle 2: Vollständiges Business Model Canvas[53]

---

[53] Eigene Abbildung in Anlehnung an (Osterwalder & Pigneur, 2011, S. 20-48)